REVUE RÉTROSPECTIVE.
Extrait du N° X (juillet 1834).

DÉTAILS HISTORIQUES

SUR

LES DIAMANS

DE LA COURONNE,

VOLÉS ET RECOUVRÉS EN 1792.

Nous avons reçu au commencement de ce mois la lettre et la relation qui suivent. Outre l'intérêt du récit, l'importance du rôle qu'a joué le signataire dans les évènemens de l'époque à laquelle se rattache le vol du Garde-Meuble, nous fait regarder cette communication comme précieuse pour notre recueil, et nous donne un vif désir de voir le portefeuille du membre de la convention et de l'administration de Paris, faire à la *Revue Rétrospective* quelques autres envois historiques.

A Monsieur le Directeur de la Revue
Rétrospective (1).

De Nice, Piémont, 5 juin 1834.

MONSIEUR,

J'avais depuis quelque temps dans mon portefeuille le manuscrit que je vous envoie. Vous jugerez, sans doute, comme moi que le sujet que je traite peut intéresser la nation qui possède le *Régent*, qui vaut un peu plus que la médaille de plomb du chapeau de Louis XI. Je vous donne cet article comme le récit le plus véridique. Enfin comme ex-magistrat de la police de Paris, c'est une pièce officielle.....

Ayant perdu beaucoup de mes papiers et notes, je n'ai pu me rappeler le nom de la mulâtresse, ni ceux de son avocat et du banquier, qui demeurait, me dit-il, place Vendôme; mais cela importe peu pour le fait principal (1).

Je suis, avec une parfaite considération pour vous,
Monsieur,

Votre compatriote,

SERGENT-MARCEAU,

Officier municipal administrateur de la police en
1791 et 92, membre de l'Athénée de Brescia,
Royaume Lombardo-Vénitien.

---

(1) On verra par les notes dont nous avons accompagné cette relation que nous n'avons négligé aucune recherche pour arriver à pouvoir compléter les souvenirs de M. Sergent. (*Note de l'éditeur.*)

VOL DES DIAMANS DE LA COURONNE.

Le vol des diamans de la couronne, qui eut lieu peu après la journée du 10 août (1), chûte du trône, appartient à l'histoire de cette époque, parce qu'il parut alors lié avec ce grand événement, et que l'opinion publique, égarée par l'esprit de parti, l'attribua à des personnages qui figuraient dans la Révolution, quoique la plupart dussent être à l'abri du soupçon (on

(1) On lit au *Moniteur universel*, du 18 septembre 1792, séance de l'assemblée nationale du lundi 17 septembre :

« Un de messieurs les secrétaires fait lecture d'une lettre adressée « par le ministre de l'intérieur à l'assemblée, pendant la nuit, an- « nonçant que le Garde-Meuble a été forcé et volé. On a arrêté deux « des voleurs ; mais les diamans ont été emportés. Le ministre a re- « quis la force publique. »

Et au *Moniteur universel* du lendemain 19 septembre 1792, à l'article *Paris*, sous la date du 16 :

« La nuit a favorisé un grand attentat à la propriété nationale. Des « brigands armés, au nombre de quarante, ont volé le Garde-Meu- « ble de la couronne. Ils sont montés, au moyen de cordes, par les « potences des réverbères qui donnent sur la place Louis XV, et sont « entrés par les fenêtres qu'ils ont brisées. On espère, d'après quel- « ques-unes de leurs réponses, en tirer d'importantes lumières. Ils « se précipitaient de la galerie sur la place lorsqu'on les a arrêtés. On « a trouvé beaucoup de diamans dans leurs poches, entre autres le « riche *hochet du dauphin*. Presque tous les diamans et bijoux ont été « emportés par ceux qui se sont sauvés. Ils en avaient semé sur leur « route ; car un domestique a ramassé, à huit heures du matin, une « superbe émeraude, au milieu de la rue Saint-Florentin ; il l'a rap- « portée au Garde-Meuble. Nous donnerons les détails aussitôt qu'ils « seront connus. Le ministre de l'intérieur, le maire et le comman- « dant-général ont pris, dès deux heures du matin, des mesures « pour garder les issues de Paris. Les deux détenus ont donné plu- « sieurs fausses adresses pour indiquer leurs complices. Cependant « quelques personnes ont été arrêtées sur des indices qui semblent « graves. » (*Note de l'éditeur.*)

désigna l'archiviste national Camus, ex-constituant).

L'histoire s'est emparée de ce fait, qui fut, comme tant d'autres, défiguré; car personne ne pouvait *sans moi* approcher de la vérité. J'en avais parlé fort peu, et à quelques amis, qui l'oublièrent bientôt, et pas un des agens que j'employai ne savait d'où j'avais reçu mes lumières sur ce vol.

Je pense cependant que, par rapport à la valeur des objets volés, il peut être intéressant de relever les erreurs commises par des écrivains et des journalistes, mal informés, et d'apprendre à nos contemporains et à la postérité comment ce trésor national, confié à la royauté, fut recouvré, pour servir depuis à la richesse de l'épée d'un grand capitaine qui a augmenté la gloire de la France militaire, en satisfaisant une ambition qui devait nécessairement le perdre et avec lui nos conquêtes, faites avant même que son nom nous fût connu. (N'étendions-nous pas nos frontières sur le Rhin, près des Alpes? nos braves n'avaient-ils pas conquis la Hollande avant le 13 vendémiaire...., où Bonaparta gagna le bâton de commandement?)

La découverte de ces précieux objets volés tient du romanesque, comme on va voir, et n'eût peut-être pas eu lieu sans les massacres du 2 septembre dans les prisons. Elle est due à un acte fort singulier de reconnaissance par rapport à moi.

En 1792, je fus conduit, en faisant mon inspection hebdomadaire des prisons, par le geôlier de la Conciergerie, Richard, que j'y avais placé, vers une espèce de cachot, sain pourtant, au fond d'une des cours, dans lequel on tenait enfermés les hommes jugés et condamnés à mort. Un de ces malheureux, qui attendait le fatal moment, me faisait prier de venir le voir, ayant une grace à me demander. Il tremblait d'une forte fièvre. Ce qu'il désirait obtenir de moi, c'était de lui faire faire la barbe, laquelle était fort longue, ce qui, disait-il, l'incommodait beaucoup. Un des articles du réglement des prisons que j'avais trouvé établi (qui n'était qu'un code pénal et religieux jusqu'à punir du cachot noir les *juremens*), s'opposait à ce qu'il désirait. Il me supplia avec ardeur de lui accorder cette faveur.... Je vais le laisser parler, car je n'ai jamais oublié cette scène singulière.

— « Voyez, Monsieur l'administrateur, quelle hi-
« deuse figure cela me donne. Le public, en me voyant
« aller à l'échafaud, devra dire : *Il a bien l'air scélé-*
« *rat !*.... et je ne le suis pas cependant, car j'ai le cœur
« bon. Jamais je n'ai fait de mal à qui que ce soit. Mon
« seul crime est d'avoir attenté à la fortune publique,
« en m'associant à des fabricans de faux assignats....
« Eh bien ! on me refusera de la pitié à mes derniers
« momens; on ne me plaidra pas, parce que j'offre avec
« ce visage un aspect repoussant... Je ressemble à un
« féroce assassin.... Ayez la charité de me faire raser,
« j'arrangerai mes cheveux plus proprement. Mon état
« était celui de coiffeur de femmes.... Vous voyez que
« je ne suis pas un misérable ! »

Je fus touché de cette prière et sensible à cette ré-
flexion toute philosophique sur son aspect en désordre qu'augmentait la pâleur que lui donnaient sa maladie et l'idée de sa mort prochaine. Je le fis raser en faisant prendre de grandes précautions. Si je fusse resté investi de cette magistrature, j'eusse effacé du réglement la prohibition ; car déjà j'avais chargé un mécanicien de me donner un modèle d'un fauteuil qui pût garantir des accidens qu'on avait prévus en faisant la défense

d'exposer sous le rasoir ces malheureux qui devaient
perdre la vie.

Je fus curieux de revoir le lendemain le prisonnier.
Quel moment pour lui, pour tous deux! Accablé encore par la fièvre, ne pouvant se soutenir, en me voyant
il se traîna, de sa couche de paille étendue sur le sol,
à mes pieds qu'il baisa; il pleurait, et, se soulevant un
peu, il embrassa mes genoux. Que d'onction dans ses
paroles! il était éloquent. L'exercice de sa profession
avait suppléé au défaut d'éducation. Cet homme était
âgé d'une trentaine d'années environ. Je ne le revis plus
dans la prison. Il attendait, quoique sans espoir, l'is-
sue de son pourvoi en cassation, ce qui pouvait pro-
longer son existence de deux ou trois jours. Nous étions
à la fin d'août; alors les scènes cruelles des prisons
eurent lieu. On m'a accusé, sur la foi d'un imprimé
sorti des presses de Marat, d'y avoir pris part; tandis
que j'en gémissais, et que j'avais le bonheur d'avoir
sauvé le comte Lally-Tolendal, M. de Sombreuil, en
ayant permis à sa fille de lui donner des soins dans sa
prison, d'avoir donné un asile à un prêtre échappé des
Carmes, d'avoir conservé la vie, le 1er septembre, à
l'abbé d'Autichamp, déguisé et porteur d'un faux pas-
seport, en le confiant à l'huissier Ozanne, qui l'avait
arrêté, au lieu de l'envoyer à l'Abbaye où il eût été
égorgé.... Je reviens aux diamans; car la tourmente
étant passée, on m'a rendu justice sur ces journées.

Huit ou dix jours, je crois, après ces massacres, une
mulâtresse, habituée de la tribune publique des Jacobins, vint me trouver dans mon cabinet, à la Police.—
« Que direz-vous, dit-elle aussitôt, si je vous fais trou-
« ver les diamans de la couronne? Je le puis, en ame-
« nant un homme qui a une révélation à vous faire. Je

« voulais le conduire au comité des recherches de l'As-
« semblée Législative, mais il ne veut faire qu'à vous sa
« déposition ; car il vous a, dit-il, une grande obliga-
« tion, et c'est par reconnaissance qu'il veut que ce soit
« à vous que la Patrie doive d'être rentrée en posses-
« sion de ces richesses dérobées. » — « Amenez-le très
« promptement. » A dire la vérité, je n'avais pas grande
confiance dans cette révélation ; je craignais l'intrigue,
sans avoir de soupçons cependant sur la bonne foi de
la mulâtresse, connue pour être une ardente patriote
dans les clubs de femmes. (Il y en avait un nombreux
dans le même local des Jacobins, et il fut long-temps
présidé par mademoiselle de Kéralio qui épousa le dé-
puté Robert.)

Une heure après, on introduisit dans un des salons
du maire, où je me trouvais seul, un quidam, vêtu proprement en garde national ; il était conduit par la mulâtresse qui me dit : « Voilà celui dont je vous ai parlé, »
et elle s'écarta de nous. — « Monsieur l'administrateur,
« me dit cet homme, d'une voix basse, je puis vous
« faire reprendre tous les diamans de la couronne ;
« mais il me faut votre parole que vous ne me perdrez
« pas. — Quoi, lorsque vous allez rendre un service
« aussi important, que devez-vous craindre ? ne méri-
« terez-vous pas une récompense ? — Je ne puis en
« avoir d'autre que celle de ma vie. Dans cette affaire,
« mon nom ne peut être prononcé sans risquer de la
« perdre. — Parlez, je vous promets toute ma discré-
« tion. — Vous ne me reconnaissez pas, Monsieur ? —
« Non, je ne vous ai pas vu, je crois, avant cet entre-
« tien. — Ah ! Monsieur l'administrateur, donnez-moi
« votre parole de magistrat que vous ne me livrerez pas.
« —Quel mystère ! Révélez, si vous savez quelque chose

« de ce vol ; seriez-vous complice ? Je vous sauverai....
« — Non, Monsieur, je n'y ai point pris part... Je
« suis Lamiévette (1), le coiffeur que vous avez fait raser
« à la Conciergerie ; vous savez que je suis condamné à
« la mort ; le tribunal peut me faire reprendre après
« que le peuple m'a enlevé de la prison, parce que j'ai
« dit aux juges populaires (2) (les égorgeurs) que j'étais
« arrêté pour avoir payé avec de faux assignats reçus
« dans un marché. Ma sentence n'était pas encore por-
« tée à la marge de mon écrou, et on m'a donné la
« liberté. — Eh bien, soyez tranquille. Voyons, que
« savez-vous du vol des diamans ?»

Cet homme, sous son nouveau costume, était si
changé que je fus surpris quand il se nomma. Après
m'avoir baisé la main, il poursuivit. — « Deux
« nouveaux compagnons de mon cachot se sont entre-
« tenus pendant la nuit du vol fameux (3) ; ils parlaient

(1) Nous n'avons pu arriver à découvrir le registre sur lequel
figure l'écrou de ce Lamiévette. Nous trouvons, aux Archives de la
Préfecture de Police, son nom porté sur le répertoire d'un registre
semblable, de la Conciergerie, à la date seulement du 28 septembre
1792. Lamiévette aurait-il été repris à cette époque ? ou plutôt,
comme nous aurons encore occasion de le supposer, n'y a-t-il pas
confusion dans les souvenirs de M. Sergent sur le nom, assez indiffé-
rent du reste, de l'individu qui lui a fait cette révélation ?

(Note de l'éditeur.)

(2) On sait que les égorgeurs de septembre s'étaient érigés en
tribunal, et que ceux qui étaient fatigués d'exécuter les arrêts de
mort venaient remplacer ceux qui les avaient prononcés jusque-là.
Aussi, sur le registre d'écrou de l'Abbaye, qui existe aux Archives de
la Préfecture de police, peut-on remarquer à chaque page des em-
preintes de doigts sanglans.   (Note de l'éditeur.)

(3) Il y a évidemment ici confusion de la part de M. Sergent. Le
vol du Garde-Meuble ne fut commis que dans la nuit du 15 au 16
septembre, c'est-à-dire douze jours après les 2 et 3. Ce ne peut
donc être un homme mis en liberté le 2 ou le 3 qui a entendu, pen-

« argot, que je comprends à présent; je feignais de
« dormir. C'est ainsi que j'ai appris que *tous* les dia-
« mans sont cachés dans deux mortaises d'une grosse
« poutre de la charpente du grenier d'une maison,
« rue (1).....; envoyez-y promptement, ils ne doivent
« pas être encore enlevés..... Mais, je vous supplie, ne
« parlez pas de moi dans vos bureaux. »

Il me donna les détails les plus étendus, en me di-
sant que les voleurs, dont il ignorait les noms, ne
demeuraient pas dans cette maison. La perquisition
eut lieu d'après mes ordres; tout fut trouvé, comme il
l'avait indiqué, et aucune personne de la maison ne
savait que tant de richesses y fût déposé : nul voleur
ne fut découvert (2).

dant la nuit du vol (du 15 au 16), deux complices du coup de main
s'en entretenir dans son cachot. Évidemment sa mémoire réunit là
sur un seul individu des faits qui appartiennent à deux prisonniers.

(1) Ma mémoire ne me fournit pas tous ces détails : je ne puis indiquer ici la rue où était cette maison, et j'ai perdu tant de papiers
et de notes!... Au surplus, on peut consulter les archives de la police
à cette époque. (*Note de M. Sergent.*) — Nous n'y avons trouvé nul
renseignement à ce sujet; mais on lit au *Moniteur universel* du 11 décembre, séance du 20 frimaire (10 décembre):

« VOULAND. Votre comité de sûreté générale ne cesse de faire
« des recherches sur les auteurs et complices du vol du Garde-
« Meuble. Il a découvert hier le plus précieux des effets volés; c'est
« le diamant connu sous le nom de *Pitt* ou *Régent*, qui, dans le der-
« nier inventaire de 1791, fut apprécié 12 millions. Pour le cacher
« on avait pratiqué, dans une pièce de charpente d'un grenier, un
« trou d'un pouce et demi de diamètre. Le voleur et le receleur sont
« arrêtés; le diamant, porté au comité de sûreté générale, doit ser-
« vir de pièce de conviction contre les voleurs. Je vous propose, au
« nom du comité, de décréter que ce diamant sera transporté à la
« trésorerie nationale, et que les commissaires de cet établissement
« seront tenus de le venir recevoir séance tenante. »

« Ces propositions sont décrétées. »

(2) En effet, au *Moniteur* du 27 septembre 1792, on lit des dépo-

Lamiévette craignait en restant à Paris ; nous étions convenus que je le ferais connaître seulement au maire (Pétion). Je le fis partir pour l'armée ; le ministre de la guerre, à ma recommandation, le fit entrer avec un grade dans un régiment de la ligne, et je n'en entendis plus parler.

Il ne faut pas être étonné que ce prisonnier ait appris au fond d'un cachot tout ce qui pouvait donner des lumières sur un vol de cette importance. La correspondance de ce qui se passe en ce genre dans Paris, est plus prompte et plus sûre que celle du magistrat de police. Ce sont les femmes qui visitent, avec des permissions, leurs maris, leurs amans, leurs complices, qui instruisent les prisonniers. Voici un exemple qui s'est passé sous mon administration. M. Vatrin, concierge de la prison du Châtelet, fut volé en sortant de la Trésorerie, où il avait reçu mille ou douze

---

sitions de témoins ne renfermant aucun détail propre à faire connaître les auteurs de ce vol ; mais comme on avait cherché à voir dans cet attentat à la propriété nationale un complot politique, on trouve au *Moniteur universel* du 4 juin 1795 la condamnation à mort par le tribunal criminel révolutionnaire, prononcée le 12 prairial an 11, de L. Duvivier, âgé de soixante ans, ancien commis au bureau de l'extraordinaire, pour avoir *aidé ou facilité le vol fait en 1792 au Garde-Meuble, pour fournir des secours aux ennemis coalisés contre la France.*

Suivant un compte rendu de la séance du tribunal criminel du département, au *Moniteur* du 26 mars 1795, dans un procès de faux assignats, un nommé Durand, accusé, dénonce des voleurs des diamans du Garde-Meuble, et est désigné comme étant celui aux indications duquel on devait la découverte du diamant le Régent.

Le *Moniteur* dit que ce Durand a successivement pris les surnoms de Thevenet, de Legros, de Pape. Ne pourrait-il pas aussi avoir pris celui de Lamiévette, et se trouver, en 1795, poursuivi de nouveau pour son ancienne accusation de faux assignats ? C'est une conjecture qu'il nous est impossible d'appuyer d'aucune preuve.

cents francs pour le service de sa prison. On lui dé-
roba son portefeuille en traversant, à ce qu'il put
croire, les galeries du Palais-Royal. Ce brave homme,
vrai philanthrope, chéri de ses prisonniers nombreux,
tous *gens de sac et de corde*, sensible à cette perte
qu'il devait réparer, parut affligé, sombre : ses hôtes
en voulurent savoir les motifs, il les leur confia : j'é-
tais avec lui, faisant ma visite, peu nécessaire là où il
faisait régner seul le bon ordre, en s'acquittant avec
honneur de ses devoirs. — « Soyez tranquille ; pa-
« tience. On vous le rendra, lui dit un grand coquin
« accusé de plusieurs assassinats. Il n'y a pas dans Pa-
« ris un *bon prisonnier* (c'est ainsi qu'ils désignaient
« ceux qui ont leur domicile habituel dans les prisons,
« d'où ils sortent et où ils rentrent comme dans une au-
« berge), qui, sachant que le portefeuille est à vous,
« osât vous en faire tort. Que contient-il ? — Tant en
« assignats de diverses valeurs et quelques papiers,
« bordereaux, etc. » — Trois jours après, j'étais allé
m'informer des recherches faites du portefeuille ; nous
allâmes encore dans la cour (unique et petite), où se
promenaient et jouaient près de deux cents prison-
sonniers. Le même homme, monté sur un banc de
pierre, se mit à crier : « Combien de pintes de vin
« pour le portefeuille en maroquin rouge que voilà ?
« Et il l'élevait bien haut. — « Tant que tu voudras,
« dit le concierge en riant.»—« Examinez-le, il n'y man-
« que rien, assignats, papiers... » Des applaudissemens
se firent entendre dans toute la cour et aux fenêtres
des détenus. Je leur accordai une heure de plus de
promenade dans cette étroite enceinte, pendant deux
jours, pour récompense.

J'ai dit que la révélation de Lamiévette était due

aux massacres du 2 septembre, et en voici le motif :
cet homme devait périr sur l'échafaud dans ces pre-
miers jours du mois, et, tout occupé de sa triste fin,
il n'eût pas songé à faire cette communication inutile
pour lui, que sa conscience ne lui prescrivait pas,
puisqu'elle n'était pas chargée de ce délit ; ce secret
eût péri avec lui. Délivré par le peuple, plus tranquille sur son sort, il le communiqua à la femme qu'il
avait vue dans sa prison soulager des malheureux :
c'est elle qui l'engage à révéler, et alors il se souvient
de moi, en qui il a confiance, et sa sensibilité le porte
à me choisir pour faire rétablir dans le trésor national
les objets volés.

On se rappellera que Napoléon fit orner son épée
consulaire avec les diamans de la couronne où figurait
le régent, évalué plusieurs millions. Une loi accordait
une *prime* à ceux qui auraient fait découvrir et rentrer
au Trésor des capitaux enfouis ou dérobés, et la prime
était proportionnée à la valeur des objets. Celle-ci devait faire la fortune de celui qui l'eût obtenue.

En 1797, j'étais revenu de la Suisse à Paris, et je
me remettais à ma table de gravure. Un jour, la mulâtresse entra chez moi, accompagnée de deux messieurs
que je ne connaissais pas. On me fit part du désir que
cette femme, qui s'était assurée que Lamiévette n'exis-
tait plus, avait de profiter de la loi pour la prime,
et qu'elle avait déjà présenté au consul un mémoire.
Mais il lui fallait un certificat qui justifiât son droit
comme révélatrice, et cette pièce importante, elle ne
pouvait l'avoir que de moi et du maire Pétion. Celui-
était mort. Les actes dressés à la police, sous ma si-
gnature, ne parlaient pas d'elle, ni de Lamiévette,
comme je l'ai dit plus haut. Je lui donnai bien volon-

tiers ce certificat rédigé selon les vues d'un des messieurs, qui était son avocat chargé de conduire cette affaire. L'autre, qui se dit banquier, demeurant place Vendôme (je ne me rappelle plus son nom), me dit : « Je suis autorisé par madame à vous offrir une somme « de cent mille francs sur la prime qui lui doit être ac- « cordée, pour le service que vous lui rendez et le droit « que vous avez vous-même à une part de la prime. — « Non, Monsieur, je n'ai aucun droit au bénéfice de « cette loi, parce que alors je remplissais un *devoir* « comme magistrat : tout appartenait au révélateur. En « déclarant en ce moment une vérité dans le certificat « que je ne puis et ne dois refuser à madame, c'est un « complément de mon ancienne magistrature que je « remplis, et je refuse l'offre que vous me faites ; je « n'ai jamais *vendu* mes devoirs..... » Je persistai dans mes refus. — « Tout le monde n'a pas votre déli- « catesse, dit l'avocat, car Monsieur peut vous dire « que le conseiller d'état chargé du rapport a voulu « s'assurer du dépôt de deux cent mille francs en bonnes « lettres de change. » On me le nomma.

Bonaparte ne se crut pas engagé à payer ce que devait la république du 10 août, qu'il n'aimait pas ; et la mulâtresse n'obtint pas la prime (1).

SERGENT-MARCEAU,

Ancien officier municipal, administrateur de la police, et de la garde nationale (matériel) en 1791 et 1792.

(1) « Par décision du conseil des anciens, prise dans la séance du « 29 pluviôse an v (*Moniteur* du 22 février 1797), six mille livres d'in- « demnité sont accordées à la citoyenne Corbin, première dénoncia- « trice des voleurs du Garde-Meuble. » Cette femme Corbin est sans

doute la mulâtresse qui avait réduit ses prétentions; car les dates coïncident. « Les recherches de la commission, ajoute le *Moniteur*, « l'ont mise à même de juger que, quoi qu'en ait dit le ministre Rol- « land, le vol du Garde-meuble n'était lié à aucune combinaison po- « litique, et qu'il fut le résultat des méditations criminelles des scé- « lérats à qui le 2 septembre rendit la liberté, alors qu'il vit périr « les hommes les plus vertueux. » Ainsi, trois ans après la condamna- tion politique du sieur Duvivier, il a été reconnu que ce vol n'avait aucune liaison politique.